COLLECTION SAVOIR VIVRE

Comment décrocher un emploi, demander et obtenir une augmentation ou une promotion

PRAT / EUROPA
ÉDITIONS
34, rue Truffaut - 75850 Paris Cedex 17

Illustrations : *Michèle Delagoutte-Forest*
Maquettes : *Christian Detoc et Michel Moulas*
Couverture : *Studio Timoléon*

PRENDRE L'AVANTAGE DÈS LE PREMIER INSTANT...

Postuler un emploi, demander une augmentation, rencontrer son patron pour solliciter une promotion...

Dans toutes ces circonstances, il faut savoir prendre l'avantage dès les premiers instants.

Voici pourquoi il est important de ne jamais aborder sans préparation une entrevue décisive que votre employeur (ou futur employeur) aura eu, pour sa part, le temps et les moyens de préparer à fond.

Ce petit guide a été spécialement conçu pour vous aider à passer le cap difficile des premières minutes.

Il vous donne de précieux conseils, vous aide à fournir vos arguments et à acquérir l'assurance de ceux que l'on ne prend pas aisément à défaut.

A vous maintenant d'en faire bon usage afin de mettre toutes les chances de votre côté...

SOMMAIRE

COMMENT DÉCROCHER UN EMPLOI

Vous venez de terminer vos études...
Vous avez été licencié...
Votre travail ne vous donne pas entière satisfaction...

Bref, quelle qu'en soit la raison, vous êtes à la recherche d'un emploi.

De l'inscription à l'A.N.P.E. jusqu'à la lettre d'engagement, vous allez devoir franchir un certain nombre d'étapes, plus ou moins faciles, plus ou moins longues.

- Pour ne pas tomber dans les pièges qui risquent de vous être tendus,
- Pour donner de vous la meilleure impression possible,
- Pour trouver l'emploi qui vous convient le mieux.

Nous vous invitons à lire attentivement ces quelques pages et à suivre les conseils des psychologues, des juristes et spécialistes de la vie des entreprises que nous avons recueillis pour vous.

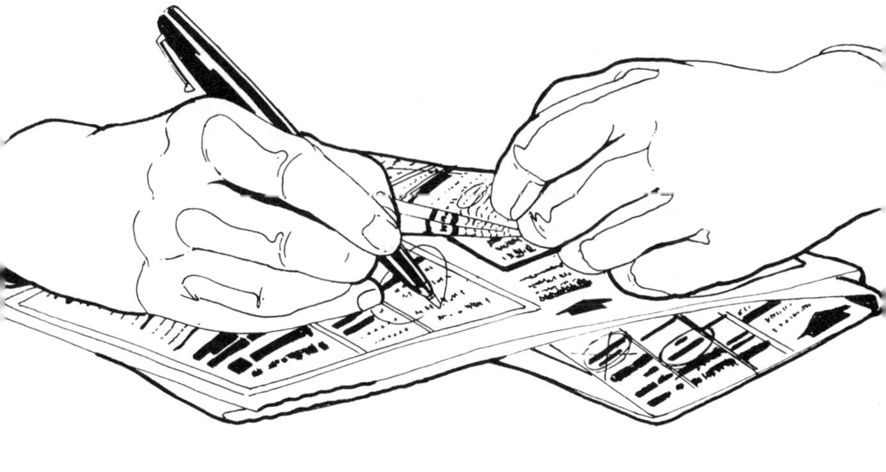

De l'inscription à la lettre d'engagement, vous allez devoir franchir un certain nombre d'étapes.

I – L'inscription à l'A.N.P.E.

A QUOI SERT L'A.N.P.E. ?

L'Agence Nationale pour l'emploi (A.N.P.E.) est chargée pour l'Etat de différentes missions dont :
– La prospection des emplois disponibles et le placement des demandeurs ;
– l'accueil et l'information professionnelle ;
– l'orientation et le conseil professionnel des salariés.

La prospection et le placement

La principale mission de l'A.N.P.E. est d'aider les personnes au chômage à trouver un emploi.

A cet effet, elle prospecte auprès des entreprises tous les emplois disponibles.

Dans chaque agence locale de l'A.N.P.E., il est possible de consulter les offres d'emploi ainsi collectées, librement et sans aucune formalité préalable.

Elles sont présentées au public sur de grands panneaux d'affichage et dans les trois journaux édités périodiquement par l'A.N.P.E. (le journal des offres de cadres, ingénieurs et techniciens, le journal des offres d'emploi à l'étranger, le journal des offres d'emploi à caractère culturel).

Le demandeur d'emploi qui s'inscrit à l'A.N.P.E. se voit proposer un entretien professionnel avec un prospecteur placier. Cet entretien a pour objet de l'aider à préciser sa demande, de donner des indications sur le marché du travail et de guider ses recherches. Il pourra déboucher, en fonction des offres disponibles, sur une mise en relation avec un employeur.

L'accueil et l'information professionnelle

Ils s'adressent à tous ceux
– qui viennent de terminer une formation et souhaitent savoir où ils peuvent trouver des emplois correspondant à leur qualification ;
– qui souhaitent suivre une formation professionnelle complémentaire et veulent savoir s'ils y ont droit.

L'A.N.P.E. est là pour les renseigner sur les stages de formation, les concours administratifs, etc. Elle peut le faire individuellement (par des entretiens avec le chargé d'information) ou collectivement.

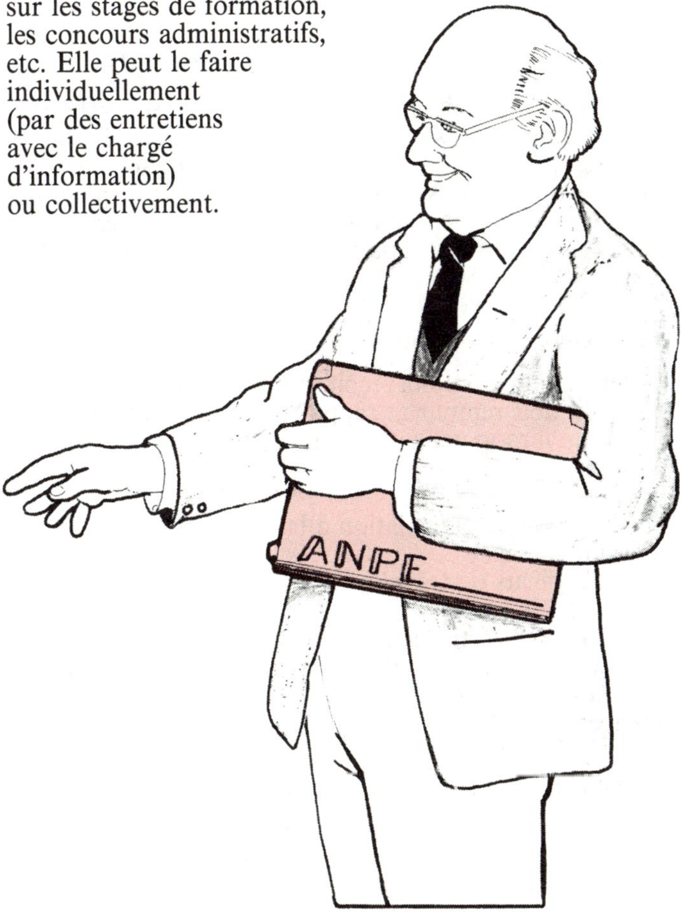

L'orientation et le conseil professionnel

Ils sont destinés à ceux qui ne savent pas clairement vers quel emploi ou quel métier se diriger et à ceux qui souhaitent acquérir une qualification ou changer d'orientation professionnelle.

Ils peuvent, à leur demande rencontrer un conseiller professionnel qui les guidera dans leur choix.

LES DÉMARCHES POUR S'INSCRIRE A L'A.N.P.E.

Tout demandeur soit privé d'emploi, soit à la recherche d'un premier emploi qui souhaite s'inscrire à l'A.N.P.E. doit se présenter à l'antenne locale de l'A.N.P.E. de son domicile (ou à la mairie de sa commune si l'A.N.P.E. n'est pas implantée) ; l'Agence ouvre également temporairement des antennes dans les entreprises, en cas de licenciement collectif important.

Au moment de l'inscription

Le demandeur d'emploi reçoit une fiche de demande d'emploi qu'il doit remplir et rapporter dans les 48 heures.

Lorsqu'il rapporte sa fiche, il doit se munir des papiers suivants :
- une pièce d'identité ;
- la carte d'immatriculation à la Sécurité Sociale ;

et éventuellement
- les certificats de travail ;
- la lettre de licenciement ;
- le dernier bulletin de salaire ;
- la carte de nationalité et la carte de travail ou un titre équivalent pour les demandeurs de nationalité étrangère.

Au moment de l'enregistrement de la demande

Il est remis au demandeur d'emploi :
- une carte d'inscription à l'A.N.P.E. ; cette carte devra être présentée à l'occasion de chaque démarche auprès de l'Agence.

Un rendez-vous avec le prospecteur placier lui est fixé.

La demande d'emploi est automatiquement communiquée par l'Agence à l'A.S.S.E.D.I.C. qui envoie ensuite au domicile du demandeur un dossier de demande d'allocations.

DEMANDE D'EMPLOI

Agence Nationale Pour l'Emploi

RENSEIGNEMENTS CONCERNANT LE DEMANDEUR D'EMPLOI

NOM ____________________

Nom de jeune fille ____________________ Prénom ____________________

Né(e) le ____________ à ____________________ Nationalité ____________________

Adresse N° ________ rue ____________________

Commune ____________________ N° de téléphone ____________________

Code postal |_|_|_|_|_| Bureau distributeur ____________________

Numéro d'immatriculation à la Sécurité Sociale ou aux Assurances Sociales Agricoles |_|_|_|_|_|_|_|_|_|_|_|_|_|

Si vous êtes affilié à un autre régime, citez lequel ? ____________________

Situation de famille ☐ célibataire ☐ marié(e) ☐ veuf(ve) autre : ____________________

Le conjoint exerce-t-il une profession ? ☐ oui ☐ non Nombre d'enfant(s) à charge : |_|

Avez-vous déjà été inscrit comme demandeur d'emploi ? ☐ oui ☐ non

Si oui, à quelle date avez-vous été inscrit ? |_|_|_|_|_|_|

RENSEIGNEMENTS CONCERNANT L'EMPLOI RECHERCHÉ

Recherchez-vous un emploi ? ☐ durable ☐ temporaire ☐ saisonnier

☐ à temps complet ☐ à temps partiel

Etes-vous libre immédiatement pour occuper un emploi ? ☐ oui ☐ non

Si non à quelle date serez-vous libre ? |_|_|_|_|_|_|

Quel emploi recherchez-vous ? ____________________

Quels autres emplois accepteriez-vous ? ____________________

Souhaitez-vous une formation ? si oui, laquelle ? : ____________________

RENSEIGNEMENTS COMPLÉMENTAIRES

____

Bon à savoir

Il est important de vous inscrire, lorsque vous recherchez un emploi, dès le lendemain de votre dernier jour de travail ou de votre stage de formation.

Les allocations de chômage auxquelles vous pouvez prétendre vous sont en effet attribuées à compter du jour de votre inscription.

LES DROITS ET OBLIGATIONS DES DEMANDEURS D'EMPLOI INSCRITS A L'A.N.P.E.

L'inscription comme demandeur d'emploi ouvre des droits mais elle entraîne aussi un certain nombre d'obligations impératives qu'il ne faut transgresser dans aucun cas.

Les obligations

Le demandeur d'emploi est tenu, pour maintenir sa demande, de renouveler, une fois par mois, sa demande d'emploi, sur sa carte de « pointage ». Celle-ci lui est adressée le 25 de chaque mois ; il doit la retourner aussitôt, remplie et signée. S'il oubliait de la renvoyer, une carte de relance lui serait adressée avant le 6 du mois suivant... qui devrait impérativement être renvoyée avant le 12 : le demandeur d'emploi risquerait, passé ce délai, d'être radié de l'A.N.P.E. !

Il est également impératif de répondre à toute convocation de l'A.N.P.E. et de se constituer un dossier de recherche d'emploi (lettres de candidature, convocation à des entretiens, etc.).

Le demandeur d'emploi peut en effet être appelé à justifier de ses recherches d'emploi auprès des services du ministère du Travail. Le manque d'initiative dans la recherche d'un emploi, le refus sans motif légitime d'une proposition d'emploi, ou de formation émanant de l'A.N.P.E., peut provoquer la suspension temporaire ou l'arrêt définitif des versements des allocations-chômage par les A.S.S.E.D.I.C.

A signaler : le demandeur d'emploi, comme tout salarié, a droit à 5 semaines de congés par an, pendant lesquelles il n'est plus tenu de « pointer », ni de répondre à des convocations. Mais il doit, avant de prendre son congé, avertir l'A.N.P.E. de son absence.

Le demandeur d'emploi a intérêt à garder un exemplaire de ses lettres de candidature de manière à prouver sa bonne volonté.

Les droits

Les travailleurs privés d'emploi inscrits à l'A.N.P.E. continuent de bénéficier des prestations sociales (maladie en particulier) aussi longtemps qu'ils demeurent à la recherche d'un nouvel emploi (loi du 4 janvier 1982).

Pour les jeunes à la recherche d'un premier emploi, cette couverture sociale est maintenue UN AN après lequel ils doivent avoir recours à l'assurance personnelle avec une cotisation réduite.

Tout demandeur d'emploi doit faire connaître dans les 72 heures aux services de l'A.N.P.E., les changements concernant sa situation, son état civil, son adresse ainsi que la date de cessation de recherche d'emploi. Sous peine de radiation en cas de défaut de motif légitime.

COMMENT UTILISER LES OFFRES ET DEMANDES D'EMPLOI DANS LA PRESSE

L'utilisation des offres et demandes d'emploi dans la presse est totalement indépendante de l'inscription du demandeur d'emploi, à l'A.N.P.E.

Par la voie des annonces dans la presse, l'employeur et le salarié peuvent fort bien prendre contact directement sans passer par l'intermédiaire de cet organisme et ce, bien que la loi oblige tout employeur à avertir l'A.N.P.E. de l'existence de poste vacant dans son entreprise.

En fonction de leur profession et de leur qualification, les salariés ont intérêt à consulter, outre la grande presse quotidienne, les journaux et périodiques spécialisés dans leur branche d'activité (exemple : « le moniteur du bâtiment » ou « l'argus de l'assurance », etc.).

Les salariés peuvent également faire paraître des annonces de demande d'emploi dans la presse, spécialisée ou non. Il convient toutefois de signaler que ces annonces coûtent souvent assez cher.

Par ailleurs, la loi interdit à toute personne de faire connaître son offre ou sa demande d'emploi par voie d'affiche ou par tout autre moyen de publicité.

Il est cependant fait exception à cette interdiction pour les acteurs et les gens de maison.

L'affichage d'offres d'emploi est également toléré à la porte des entreprises.

Les insertions d'offres et de demandes d'emploi dans la presse sont autorisées sous réserve pour les offres d'emploi, de l'application de certaines dispositions prévues par la loi.

Quelques journaux spécialisés

Dans l'imprimerie
TRANSACTION

Dans l'informatique
01 INFORMATIQUE

Dans l'industrie
USINE NOUVELLE

Dans la publicité
STRATÉGIE

Dans le tourisme
L'ÉCHO TOURISTIQUE

Dans le transport
INFORMATION TRANSPORTS

Tous les journaux sont répertoriés par spécialité dans l'ANNUAIRE DE LA PRESSE ET DE LA PUBLICITÉ

Bon à savoir

L'inscription à l'A.N.P.E. donne la possibilité d'utiliser ses services et de bénéficier de différentes prestations. Elle permet, en particulier d'accéder à certains stages de formation rémunérés par l'Etat.

Le salarié peut fort bien trouver par voie d'annonces dans la presse le travail qu'il recherche.

II – Le curriculum et la lettre de candidature

LE CURRICULUM VITÆ

Le curriculum vitæ, appelé C.V., est destiné à vous présenter par écrit à un employeur, à l'A.N.P.E. ou au service du personnel.

Le curriculum vitae est destiné à vous présenter par écrit à l'employeur.

Il vise à mettre en valeur vos principaux atouts et à résumer l'ensemble de vos activités.

Contrairement à la demande d'emploi, le C.V. peut être dactylographié. Sa lecture n'en sera que plus facile. À défaut,

il devra être rédigé de manière très lisible, en caractère d'imprimerie.
Le C.V. se présente généralement en trois parties :
– Dans la première partie, doivent être exposés les renseignements concernant l'état civil, la situation de famille, la situation militaire et la situation sociale (N° de matricule Sécurité Sociale).
– Dans la deuxième partie, doivent être exposés les renseignements concernant le degré d'instruction, les diplômes de l'enseignement général et les diplômes professionnels obtenus.
– Dans la troisième partie, sera retracée la carrière professionnelle, la liste des entreprises et établissements fréquentés depuis l'entrée dans la vie professionnelle jusqu'au jour de la demande, les emplois occupés avec les qualifications professionnelles correspondantes et les périodes pendant lesquelles ces emplois ont été occupés.

Il convient de préciser le nom ou la raison sciale des entreprises, les adresses, les dates d'entrée et de sortie avec, le cas échéant, les dates de mutation ou de promotion dans une même entreprise.

Il convient également d'exposer brièvement les causes de départ (licenciement pour cause économique, démission, etc.).

Le curriculum vitæ et la demande d'emploi doivent être rédigés de manière à ce qu'un coup d'œil rapide sur l'un et sur l'autre suffise à situer ce qu'en jargon d'emploi, on appelle le « profil », c'est-à-dire la personnalité professionnelle du postulant.

Bon à savoir

Un C.V. se rédigera d'autant plus facilement que vous aurez une bonne connaissance de vous même et de vos capacités.

L'objectif du C.V. est de vous permettre d'obtenir un entretien avec un employeur. Aussi doit-il donner assez d'informations pour l'intéresser et le décider à vous rencontrer, mais pas trop pour lui donner l'envie d'en savoir plus sur vous.

COMMENT RÉDIGER UNE DEMANDE D'EMPLOI

La demande d'emploi doit être rédigée d'une façon claire, précise et sans phrases inutiles.

N'oubliez pas que la personne qui lira votre lettre devra en dépouiller plusieurs dizaines, voire plusieurs centaines dans certains cas.

Si la demande est rédigée à la suite d'une annonce, il convient de faire référence à celle-ci en rappelant brièvement l'objet, le nom du journal ou du périodique dans lesquels elle a été publiée ainsi que la date de parution.

Il suffit ensuite d'indiquer que vous présentez les qualités professionnelles requises pour le poste que vous sollicitez.

La formule de politesse doit être simple, évitez toute obséquiosité inutile. Bien souvent, le lecteur ne prendra pas le temps de la lire, mais n'oubliez pas que, si votre lettre retient l'attention, il la reprendra et, alors, peut-être, regardera-t-il la formule de politesse.

Certains employeurs soumettent les lettres de candidatures à une étude graphologique. Il est donc préférable de rédiger la lettre à la main, car dans cette hypothèse, les lettres dactylographiées sont systématiquement rejetées.

Il ne nous appartient pas de porter un jugement sur cette science et sur son application en matière de demande d'emploi mais il faut savoir que si vous cherchez à modifier le caractère de votre écriture, cela n'échappera pas au premier examen et votre demande risque d'être rejetée.

Il est donc conseillé d'écrire de la façon la plus simple, de votre écriture habituelle, à condition qu'elle soit lisible. Dans le cas contraire, appliquez-vous !

Même si vous sollicitez un emploi de travailleur manuel, écrivez correctement, évitez les fautes d'orthographe, de vocabulaire ou de français qui indisposent certains de ceux qui devront lire votre lettre et prendre une décision. Entre deux postulants présentant les mêmes qualités, quelques fautes d'orthographe peuvent, quelquefois, suffire à déterminer le choix de l'employeur.

Joignez toujours à votre demande un curriculum vitae.

Contrairement à la lettre de candidature, le curriculum vitae doit être dactylographié. Votre éventuel employeur y retrouvera facilement les informations qui l'intéressent.

Bon à savoir

– Il est conseillé de répondre dans les trois jours de la parution d'une annonce.
– Ne retenez que les annonces auxquelles vous estimez pouvoir répondre avec les meilleures chances de succès.

S'il convient de mentionner tous les détails nécessaires pour la compréhension de votre lettre, évitez en revanche de faire état de détails inutiles.

Certains salariés ajoutent dans leur lettre certains détails qui n'ont rien à voir avec l'objet de la lettre mais qui, pensent-ils, permettent de donner un « état d'esprit de la maison ».

LE TRAVAIL DU GRAPHOLOGUE ET LA VALEUR DE L'ÉTUDE GRAPHOLOGIQUE

A la réception d'une lettre, il nous arrive de dire : « Oh ! que c'est agréable ! » ou au contraire : « Que c'est sale ! » ou plus simplement : « Je ne voudrais pas écrire comme cela ! » Ces exclamations prouvent que dans le message que nous adressons à autrui, il y des formes que nous ne pourrions adopter, tout comme nous n'emploierions pas certains langages. Ces formes représentent donc pour nous un second langage, ce qui n'est pas traduit par les mots du message. Mais sa signification n'est pas transparente.

L'expression des mots est claire ; mais elle est comparable dans un dessin, aux objets représentés : par exemple, une rivière, des arbres, une maison.

Demandez à plusieurs personnes de dessiner ces éléments, aucune ne rendra la même composition. Chacun les aura vus aux travers de lui-même. La manière dont se présente le dessin, autant dans ses éléments que dans son ensemble, est représentative de la personnalité de l'auteur.

D'une manière rigoureusement identique, l'écriture que nous traçons est la partie symbolique de notre message à autrui. Nous l'avons adoptée parce que, sur certains points, elle nous satisfait inconsciemment. Entre mille exemplaires, nous la reconnaissons, comme un reflet de nous-même, notre expression.

Ce que révèle l'écriture

Dans le langage courant, on dit de quelqu'un qu'il a de la « personnalité ». On entend par là qu'il sait s'affirmer quand il le faut, notamment dans telle circonstance ou tel domaine particuliers, et qu'il a également ce que l'on appelle du « caractère », c'est-à-dire de la fermeté, sous une forme ou une autre.

L'écriture révèle la personnalité

Mais ces qualités n'appartiennent pas à tout le monde. Heureusement, en psychologie, si tout un chacun ne peut se prévaloir de posséder de la « personnalité », chaque individu a par contre une personnalité.

La personnalité, c'est l'individu dans sa totalité avec son tempérament, son intelligence et l'ensemble de son vécu à un instant donné. Son vécu s'accumulant et réagissant sur ce qui existait déjà, en s'intégrant au sujet pour former la personnalité, celle-ci est en constante évolution. L'étude d'une personnalité n'a donc de valeur que pour un moment donné. C'est en quelque sorte une coupe horizontale dans l'évolution du sujet. L'étude de l'écriture représente cette coupe horizontale, mais des échantillons échelonnés dans le temps permettent de retracer l'évolution psychique du scripteur.

Le geste graphique correspond au tempérament...

Dans un graphisme, l'analyse du geste selon ses éléments constitutifs permet de découvrir les caractéristiques tempérementales du sujet.

Et le mouvement de l'écriture à la relation avec autrui

L'étude du mouvement correspond plutôt à la façon dont le sujet transmet son message à autrui ; c'est pourquoi on y saisit plus volontiers son comportement social et affectif.

Ses avantages

Bien analysé et bien interprété, le document graphologique tient une place de choix dans les éléments d'approche de la personnalité humaine. Toute sa valeur réside dans la spontanéité et l'authenticité du document (c'est pourquoi les cahiers de brouillon des enfants sont des documents particulièrement révélateurs). L'étude du document ne nécessite pas la présence du sujet, il n'y a pas de conditions d'examen (comme c'est le cas lors d'interview ou d'examens psychologiques).

Une page représente la longueur minimum pour rassembler des éléments suffisamment nombreux. En-tête et signature sont indispensables pour se rendre compte de la disposition de la lettre. Tout document écrit dans des circonstances spéciales (dans un train en marche, dans une pièce très froide, sous l'influence d'une émotion particulière, avec un instrument qui ne convient pas au scripteur) susceptibles de perturber certains éléments du geste graphique est à éliminer. Nous insistons sur le choix du papier et surtout de l'instrument. Chacun en effet choisit papier et plume (ou crayon à bille) en fonction de l'impression qu'il veut donner de lui-même par son graphisme. Celui-ci est le reflet inconscient de la personnalité.

L'ENTRETIEN

Une fois franchies, les filières habituelles (démarches ou petites annonces, relations, « piston » ou convocations, tests et curriculum vitæ) aboutissent à l'entretien de candidature. (On se place ici dans l'hypothèse d'un contact direct avec un employeur, patron, directeur ou chef du personnel, à l'exclusion du psychologue. Par conséquent, avant ou après l'entretien avec celui-ci, s'il doit avoir lieu). Vous voici convoqué ; soignez le premier contact : les cinq premières minutes peuvent décider de tout votre avenir.

Le premier entretien est comparable à une véritable partie d'échecs : sachez prendre l'avantage dès le début.

Ambassadeur de soi-même

Dans ce premier entretien, l'employeur, ou celui qu'il délègue, va s'efforcer de vous juger, de se faire un tableau de votre personnalité. Or, vous êtes en première ligne, sans intermédiaire pour vous parrainer, sans avocat pour vous défendre. C'est votre corps, dans sa présentation physique (costume, attitude, regard, comportement), c'est votre mentalité et votre caractère, à travers vos propos, qui vont être évalués. Cette estimation ne va pas se faire en fonction de

Dans ce premier entretien, l'employeur va s'efforcer de vous juger.

tel ou tel critère absolu qui vous caractérise : vos titres universitaires par exemple, le charme de votre personne, ou l'appui de Monsieur Un Tel. Non ! Ce sera un jugement relatif, par rapport à deux critères : le profil global de vos aptitudes réelles est-il proche du profil théorique du poste à pourvoir ? L'évaluation de ces aptitudes vous donne-t-elle un rang favorable dans la compétition avec les autres candidats ? Autrement dit, si les éléments purement subjectifs peuvent jouer un rôle, pour départager deux concurrents, par exemple, ou simplement pour vous inscrire d'emblée

sur la liste du « possible », ce sont des éléments objectifs qui feront décider :
1) si vous êtes bien
2) si vous êtes « mieux » que les autres.

Nos rois faisaient négocier leur mariage par des envoyés diplomatiques. Aujourd'hui encore, les rencontres « au sommet » des chefs d'Etat sont précédés de négociations menées par une nuée de hauts fonctionnaires et de techniciens. Mais pour traiter de votre engagement et des conditions de votre éventuelle collaboration, vous allez être seul et, de surcroît, vous risquez de vous sentir défavorisé par une situation d'inégalité où l'embaucheur qui tient le pouvoir et les cordons de la bourse est le seul maître de décision. Par suite, il faut vous « objectiver » par rapport à vous-même, alors que les préoccupations subjectives ou passionnelles vous obsèdent. Faites le calme en vous, de façon à bien vous « vendre » vous-même, à bâtir et à défendre votre propre dossier comme s'il était celui d'un autre et que vous en soyez le négociateur. La façon dont vous vous tirerez sera d'ailleurs le premier test sur lequel l'employeur vous jugera. Il est également nécessaire d'aborder l'entretien d'égal à égal. On ne négocie favorablement que si l'on est dépourvu de tout complexe d'infériorité. Rappelez-vous donc que l'employeur est « demandeur », qu'il a fait le premier pas, qu'il cherche un collaborateur et qu'il est de première importance pour lui d'en trouver un valable... qui sera peut-être vous même.

Un entretien à préparer

C'est dire que l'entretien de candidature doit être préparé soigneusement et qu'il ne suffit pas de se présenter en toute bonne volonté (et naïveté !) pour se livrer aux questions et investigations du demandeur.

Dès les premiers pas de l'artiste en scène, on devine le « métier » ; dès les premiers échanges de balles de tennis, on devine le champion. L'un et l'autre se sont préparés, entraînés. La « classe », ça ne s'improvise pas. Toutes les remarques qui vont suivre prouvent qu'il faut non seulement réfléchir la veille ou l'avant-veille pour se préparer à l'entre-

Un entretien doit être préparé, la classe, ça ne s'improvise pas.

tien, mais aussi ajuster de longue date ses pensées et son comportement à la nécessité d'enlever un jour la place.

Il y a en général beaucoup de postulants, mais on cherche un « homme » (ou une femme), en tout cas quelqu'un qui ait de la personnalité, qui sorte de l'ordinaire.

Pour être distingué par l'embaucheur, on peut d'abord essayer d'avoir plus de titres que les autres. Une bonne secrétaire sténo-dactylo aura-t-elle, en outre, suivi deux ans de cours du soir de banque, d'assurance ou de publicité, qu'elle décuplera ses chances d'être engagée dans l'une de ces branches. Si un licencié en droit a obtenu en plus un diplôme de comptabilité, il pourra ultérieurement postuler un secrétariat général et, plus tard, briguer une direction administrative et financière au lieu de végéter comme adjoint au chef du contencieux.

Mais au lieu d'être « Plus », on peut essayer d'être « autre ». Au lieu de paraître avoir besoin du poste (sous-entendu, pour vivre), laissez entendre que vous avez envie des fonctions (pour le plaisir de les exercer). Si cruel que ce soit, le besoin n'est jamais très sympathique, en tout cas pas conquérant. Au lieu d'insister sur vos connaissances, attestées par les diplômes, détaillez les tâches accomplies jusqu'ici, les résultats obtenus, pour faire sentir vos aptitudes. Enfin, au lieu de vous limiter au côté scolaire et professionnel de vos titres, faites-vous connaître dans vos activités annexes, sociales, culturelles ou sportives. A travers cela, on se fera un tableau de votre caractère, on imaginera votre capacité d'initiative et de responsabilité.

Telles sont les lignes générales qui dicteront votre attitude. Mais, de l'entrée en scène au contenu de vos propos, quelques conseils pratiques peuvent encore être efficaces.

L'entrée en scène

Entre tous les rendez-vous, c'est évidemment celui où il faut être à l'heure. Prévoyez donc les contretemps, calculez large de façon à vous présenter à l'heure juste.

Débarrassez-vous dans l'antichambre ou au vestiaire. S'il faut remplir une fiche de visiteur, faites-le avec le plus grand soin (nom propre en capitales). Pénétrez chez l'employeur sans bagages et en tenue correcte ; ni désordonnée (ou trop familière) ni endimanchée. Mais cela ne s'improvise pas et, à moins d'avoir mené le double jeu d'une vie mondaine compensatoire assez intense, l'étudiant qui aura traîné cinq ans en chandail, savates et blue-jean risque d'être guindé dans son premier accoutrement classique.

Entrez calmement et sans nervosité, la tête levée, le regard dirigé vers la personne qui vous reçoit ; allez droit vers elle en vous arrêtant à distance correcte ; ne tendez jamais la main le premier et si on vous la tend, saisissez-la avec une légère inclinaison du buste. Évitez les poignées de main molles, moites, ou trop brutales. Soyez ferme, naturel et déférent sans vous écraser. En saluant, présentez-vous d'un mot bref (« Jacques Dupont, heureux de pouvoir me pré-

Pénétrez chez l'employeur calmement et sans nervosité.

senter... » ou « ... merci, de m'avoir convoqué ») et attendez pour vous asseoir qu'on vous y invite. Préférez si possible la chaise au fauteuil : votre attention et votre maintien seront meilleurs, vous aurez moins la tentation de croiser les jambes, ce qui serait trop familier, ou de vous avachir et de dépasser le temps convenable. Ne vous asseyez pas trop près de votre interlocuteur ; respectez son espace vital. Si on vous interroge, répondez aux questions, sans brusquerie mais d'une voix nette et ferme. Que vos réponses soient claires, courtes, précises. A moins qu'on ne vous ait déjà demandé un curriculum vitæ, vous laisserez un document récapitulatif pour confirmer les renseignements que vous aurez fournis. Placez-vous en face de votre interlocuteur et regardez-le. S'il vous intimide, ne soutenez pas trop son regard, mais fixez-le entre les sourcils : Il vous sentira à

Placez-vous en face de votre interlocuteur et regardez-le...

l'écoute, sans voir votre trouble. Laissez-le engager les opérations, sauf s'il vous déclare : « Je vous écoute... »

Vous avez la parole

Dans ce cas, allez-y bravement de votre petit exposé. Evitez l'excès de concision comme de longueur. En quatre ou cinq minutes, on peut dire beaucoup de choses. Tachez de n'être ni trop timide, ni trop prétentieux, ni complexé, ni désinvolte. Surtout soyez décidé ; montrez que vous voulez ce poste (si on vous en juge capable bien entendu). Que de choses sont accordées, dans la vie, à un homme qui n'est ni plus fort, ni plus intelligent, ni plus riche (ni plus beau...) que les autres ! Seulement parce qu'il manifeste son désir intense et clair d'obtenir cette chose, et qu'il maintient son attitude avec opiniâtreté.

Soyez franc et sincère. Parlez de votre passé en citant des faits et en éliminant les états d'âme ; signalez brièvement : « Après la mort de mon père, j'ai dû reprendre... » ou : « Du fait de mon divorce, je dois... », mais ne commentez pas abondamment les incidences ou contraintes diverses de ces événements privés sur votre vie professionnelle. Ne parlez pas non plus de malchance ou de malheurs : être pitoyable est sans attrait. Veillez à la correction du langage, syntaxe et vocabulaire, ce qui ne s'improvise pas non plus. Celui qui argotise à jet continu ou blague familièrement avec tout le monde risque de paraître contraint ou précieux, s'il veut soudain se tenir à sa place et parler un français châtié.

N'ayez pas, à priori, une attitude défensive, car « qui s'excuse s'accuse », ne doutez pas de vous même (ou alors il fallait viser plus bas). Si vous croyez correspondre aux exigences de l'emploi, montrez bien en quoi, et soyez en mesure de l'établir. Ayez dans votre serviette des documents établissant vos responsabilités actuelles, vos succès, votre dernier bulletin d'appointements, mais ne trahissez pas votre employeur actuel en produisant des pièces confidentielles. Ne dites jamais du mal de lui non plus. Comment vous ferait-on confiance pour l'avenir si vous avez l'air d'un traître ?

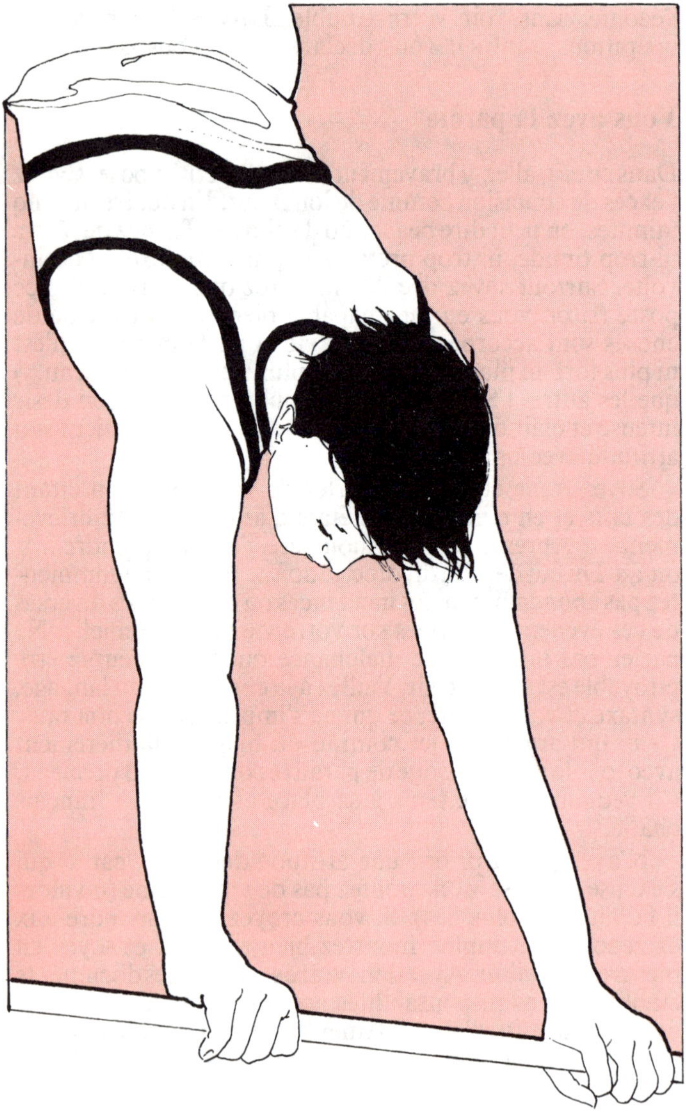

Testez vous-même votre maîtrise et votre à propos.

Evitez les sujets scabreux, la politique, la religion et les conceptions philosophiques de l'existence. Ne faites pas mousser vos relations dans l'établissement. Combien se sont coulés par cette maladresse ! Donnez à l'autre l'envie de vous engager en montrant ce que vous pouvez apporter ; mais restez sobre, bornez-vous à l'essentiel, rappelez-vous que « qui veut trop prouver ne prouve rien ». N'interrompez jamais votre interlocuteur ; laissez-le mener l'entretien, mais, s'il n'est pas spécialiste de l'embauche, tâchez de vous faire poser les questions qui renseignent sur vous-même.

Attendez qu'on vous interroge sur vos prétentions financières pour les manifester. Le moment venu, le plus simple sera d'indiquer seulement votre traitement actuel. Selon vos intentions, vous préciserez en outre si vous comptez sur « une majoration » ou sur « une sensible majoration » ou encore si vous êtes prêt à des sacrifices temporaires vu l'intérêt « du poste ».

Mettez-vous à la place de l'embaucheur : « Qu'attend-il de moi ?... Qu'est-ce qui peut l'intéresser en moi ? » et ne parlez que de cela. Par-dessus tout, essayez de découvrir votre partenaire. Quel est son projet ? Quelles sont ses motivations ? Quelle va être sa politique ? Ainsi pourrez-vous plus judicieusement lui signaler les convergences entre votre potentiel et sa recherche.

Pour finir, évitez toute flagornerie, ne portez pas de jugement sur votre possible employeur, mais n'hésitez pas à lui témoigner une confiance ouverte et sympathique qui le flattera discrètement, en lui demandant, après vous être dépeint vous-même pendant les premières minutes, de vous exposer les divers aspects du poste à pourvoir et de vous indiquer s'il pense que vous avez la capacité de l'occuper.

Testez vous-même votre maitrise et votre à-propos

Lors d'un entretien de candidature, vous vous demandez ce que, dès le début de la conversation proprement dite, vous avez pu fournir comme information à la personne qui vous a reçu, soit en les formulant de votre propre initiative, soit en vous faisant habilement interroger sur ces divers points.

Dans le test ci-dessous vous cocherez les informations fournies à votre interlocuteur et annulerez les autres.

Informations fournies au cours des cinq premières minutes

☐ 1 Votre nom
☐ 1 Vos lieu et date de naissance
☐ 1 Votre situation de famille
☐ 1 Votre lieu de résidence
☐ 1 Votre formation générale
☐ 1 Votre connaissance des langues
☐ 1 Vos études de spécialisation professionnelle
☐ 1 Vos emplois antérieurs
☐ 2 Vos expériences diverses (stages, voyages, responsabilités extra-professionnelles...)
☐ 2 Votre délai de disponibilité (préavis)
☐ 2 Vos titres particuliers à postuler l'emploi (expériences ou connaissances spéciales correspondant exactement aux besoins de l'employeur)
☐ 3 Vos raisons de souhaiter un changement de postuler l'emploi en question
☐ 3 Vos prétentions financières
20 Total

Totalisez les points obtenus en fonctions des valeurs indiquées à chaque ligne.

Résultats

Si vous atteignez six points, ou moins, vous manquez de maîtrise.

De six à douze points, vous avez bien démarré, sans trop vous presser.

De douze à seize points, vous êtes habile à exprimer rapidement l'essentiel, mais attention à ne pas tomber dans la précipitation ou dans le monologue.

Au dessus de seize points, vous manquez de diplomatie et de capacité d'écoute.

Conseils pour un entretien en vue d'obtenir un emploi

1. Ecoutez
2. Ne jamais poser de questions trop tôt. La personne qui vous interroge a une histoire à raconter, ne l'interrompez pas avant qu'elle l'ait dite. De plus, de cette manière, vous éviterez de poser des questions sans intérêt.
3. On est toujours favorablement impressionné par un interviewé qui montre par ses questions qu'il connaît la position financière de la compagnie, qu'il a pris le temps avant l'entretien de se renseigner sur cette position et de l'étudier.
4. Discutez franchement des salaires. C'est votre droit d'en parler quand vous commencez un travail. De même, il est légitime que vous vous inquiétiez de vos chances d'augmentation et de promotion.
5. Evitez les bavardages personnels à moins qu'ils ne soient encouragés par l'interviewer. Rien n'est plus ennuyeux qu'un interviewé qui vous assomme avec la liste de toutes ses relations plus ou moins connues...

COMMENT DEMANDER ET OBTENIR UNE AUGMENTATION OU UNE PROMOTION

Quelques notions théoriques

OBLIGATIONS DE L'EMPLOYEUR EN MATIÈRE DE FIXATION ET DE VERSEMENT DE SALAIRES ?

Lorsqu'il s'agit de fixer un salaire au-dessus de S.M.I.C. ou du taux minimum prévu par la convention collective, la négociation individuelle classique prend sa place.

Employeur et salarié se mettent d'accord sur un salaire et discutent ensuite, soit régulièrement, soit au coup par coup, de son évolution.

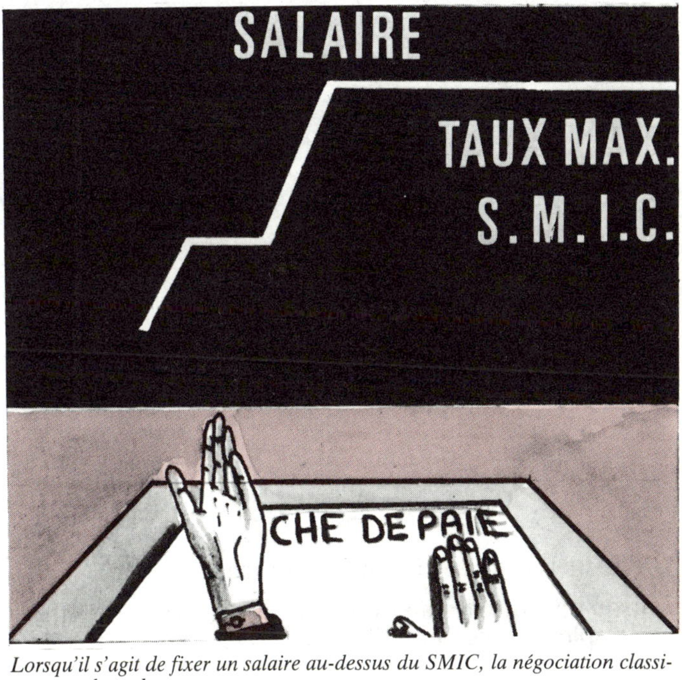

Lorsqu'il s'agit de fixer un salaire au-dessus du SMIC, la négociation classique prend sa place.

A deux exceptions près, la négociation individuelle n'est soumise à aucune loi particulière ; chacun est libre de la mener comme il l'entend et l'employeur peut décider de lui donner ou non un aboutissement favorable, pourvu qu'il respecte deux obligations :
- celle de verser au salarié le salaire convenu,
- celle de respecter l'égalité des rémunérations entre hommes et femmes.

La négociation individuelle n'est soumise à aucune loi particulière.

Obligation de verser le salaire convenu

Lorsqu'un taux de salaire a été convenu entre le salarié et l'employeur, ce dernier est tenu d'en garantir le versement.

L'employeur ne peut pas, par exemple, sans l'accord du salarié et sous prétexte que celui-ci ne donne pas entièrement satisfaction, lui verser un salaire inférieur à celui qui avait été prévu et qui figure sur la lettre d'engagement, même si ce salaire, une fois réduit, demeure encore supérieur au S.M.I.C. ou au minimum garanti prévu par la convention collective pour la catégorie professionnelle de l'intéressé. L'employeur est non seulement tenu de verser le salaire convenu, mais il doit encore accorder au salarié les augmentations de salaires mentionnées sur la lettre d'engagement (à condition qu'elles ne résultent pas d'une clause d'échelle mobile interdite par loi).

Exemple :
• Les tribunaux ont décidé que le travailleur immigré, qui n'a pas perçu la rémunération prévue sur son contrat de travail, a droit à un rappel de salaire sans que l'employeur qui, dès le début, a omis d'exécuter ses engagements, puisse se prévaloir d'une modification acceptée par le salarié (Cass. Soc. ; 17 mars 1976).

• Il a également été décidé que lorsque le contrat de travail d'un employé de cabinet d'expertise comptable a prévu qu'il serait rémunéré par un pourcentage sur le montant des honoraires facturés et qu'une lettre accompagnant ce contrat a prévu une moyenne mensuelle garantie en sa faveur, l'intéressé peut, à juste titre, réclamer un complément de salaire si ce minimum n'a pas été atteint (Cass. Soc., 22 février 1973).

• Les juges ont, en vertu du même principe, condanné un employeur à verser un rappel de rémunération à un salarié. Ils avaient en effet relevé que la lettre d'engagement de l'intéressé prévoyait, en plus d'un salaire fixe, une rémunération mensuelle proportionnelle au chiffre d'affaires, toutes taxes comprises. Ce mode de calcul ayant été appliqué pendant quatre ans sans que l'employeur opère de déductions pour les produits soumis à la T.V.A., l'employeur ne pouvait, par la suite calculer les commissions de l'intéressé en pratiquant un abattement sur le chiffre d'affaires correspondant à la T.V.A. (Cass. Soc., 26 janvier 1977).

Égalité des salaires entre hommes et femmes

Si l'employeur est libre de fixer à son gré le salaire d'un travailleur, il n'a en revanche nullement le droit de fixer pour une femme un salaire inférieur à celui d'un homme uniquement en raison de son sexe, sans justifier cette différence par la compétence professionnelle.

Les salaires comparés doivent comprendre tous les avantages en espèce et en nature qui viennent en supplément du salaire proprement dit. Les critères de classification, de promotion professionnelle et les éléments composant la rémunération doivent être communs aux deux sexes.

L'inspecteur du travail est chargé de contrôler l'application de la loi sur l'égalité des sexes. Il peut exiger de l'employeur qu'il lui communique les éléments du salaire et procéder à une enquête contradictoire au cours de laquelle les femmes salariées peuvent se faire accompagner d'une personne de leur choix.

Dans les entreprises occupant du personnel féminin, l'employeur doit, en outre, afficher dans les locaux de travail, à un endroit facilement accessible, et dans les lieux où s'effectuera l'embauche du personnel, les textes de l'article L. 140-2 à L. 140-7 concernant le principe de l'égalité de rémunération entre hommes et femmes.

Malheureusement, on constate qu'il est souvent difficile pour le juge d'apprécier si la différence de salaire entre hommes et femmes résulte d'une véritable discrimination ou d'une simple différence d'aptitude professionnelle.
Exemple :

Dans un atelier, une ouvrière, monteuse classée dans la catégorie O.P.1., percevait un salaire supérieur au taux minimal prévu par le convention collective de sa catégorie professionnelle, mais inférieur à celui que percevaient les hommes de la même catégorie.

Elle a réclamé en justice un rappel de son salaire à son employeur mais sa demande a été rejetée. L'employeur avait fait valoir devant les juges que les autres ouvriers classés O.P.1 étaient amenés à manipuler régulièrement des poids lourds et que, en conséquence, leur travail était beaucoup plus pénible et n'avait rien de commun avec celui de l'intéressée qui travaillait assise (Cass. Doc., 16 mars 1981).

Bon à savoir

Tout employeur est tenu d'assurer pour un même travail ou un travail de valeur égale, l'égalité des rémunérations entre hommes et femmes. Toute disposition qui aboutirait à une discrimination est nulle.

Dans ce cas, c'est la rémunération la plus élevée dont bénéficient les travailleurs de l'autre sexe qui se substitue de plein droit à celle qui a été annulée.

A compétence professionnelle égale le salaire d'une femme doit être le même que celui d'un homme.

LA DIFFÉRENCE ENTRE SALAIRE NET ET SALAIRE BRUT

Le salaire brut

Le salaire est constitué par le salaire proprement dit et les diverses primes ou indemnités ayant le caractère de salaire (majoration pour heures supplémentaires, primes de production, d'assiduité, d'ancienneté, etc.).

En revanche les primes qui servent à rembourser des frais engagés par le salarié ne doivent pas être comptées dans le salaire brut (par exemple : prime de panier, prime de transport, prime de déplacement, prime d'outil).

BULLETIN DE PAIE N°

PÉRIODE DU 01/03/1991 AU 31/03/1991

PARIS-CARTONNAGES SA
13, rue de Lyon
75012 PARIS

N° SÉCURITÉ SOCIALE	SECTION	MATRICULE
2.58.03.113.223	2 - 2110 - 75	2243

FONCTION - EMPLOI : SECRETAIRE

CLASSIFICATION	COEF.
B	3

Mme LALANDE Agnès
27, rue Secrétan
75019 PARIS

CONVENTION COLLECTIVE : PAPIERS-CARTONS (Distribution et commerce de gros)

ÉLÉMENTS DE PAIE	BASE	TAUX	MONTANT	CHARGES EMPLOYEUR TAUX	CHARGES EMPLOYEUR MONTANT
Salaire de base	169	54,00	9 126,00		
Heures supplémentaires	3	67,50	202,50		
Salaire brut			**9 328,50**		
C.S.G.		1,1 %			
(sur 95 % du salaire brut)			97,48		
Assurance maladie		6,80	634,33	12,60	1 162,79
Assurance veuvage		0,10	9,32		
Assurance vieillesse		6,55	611,01	9,80	914,19
Assurance chômage		2,33	217,35	4,25	396,46
Retraite complémentaire		1,968	183,58	2,952	275,37
Allocations familiales				5,40	503,73
Accidents du travail				2,00	186,57
Total des retenues			**1 753,07**		**3 439,11**
Remboursement frais transports			90,00		
remise forfaitaire vieillesse			42,00		

DOMICILIATION	BANQUE	GUICHET	N° DE COMPTE	NET A PAYER	DATE DE PAIEMENT
CREDIT LYONNAIS	20307	00207	00123328121 45	7 707,43 F	31.03.91

	Salaire Brut	Net Imposable	Séc. Soc. Déplafonnée	Séc. Soc. Plafonnée
MOIS ▶	9 328,50 F	7 617,43 F		
CUMULÉ ▶				

versé à : n° Siret Code APE

DANS VOTRE INTÉRÊT ET POUR VOUS AIDER A FAIRE VALOIR VOS DROITS, CONSERVEZ CE BULLETIN DE SALAIRE SANS LIMITATION DE DURÉE. (12)

Le salaire net

C'est celui que perçoit effectivement le salarié, une fois déduites de la rémunération brute, les différentes retenues sociales obligatoires soit :

– 6,8 % de cotisations assurances maladie sur le salaire total ;

+ 0,1 % supplémentaire sur la totalité du salaire (allocation veuvage) ;

– 6,55 % de cotisations assurance vieillesse jusqu'à concurrence du plafond de la Sécurité Sociale ;

– 2,33 % de cotisations assurance chômage (A.S.S.E.D.I.C.) jusqu'à concurrence du plafond, 2,91 % au-dessus ;

– 1,97 % de cotisations retraite complémentaire (ce pourcentage peut varier selon les institutions de retraite) ;

– 1,1 % au titre de la Contribution Sociale Généralisée ;

– cotisations facultatives (mutuelles, assurance vie, etc.).

L'entretien

Voir ses services reconnus, c'est le vœu de chacun. L'amour propre et l'ambition nous incitent ainsi à revendiquer l'amélioration de situation à laquelle nous croyons avoir droit, par suite de nos efforts, de nos mérites. D'ailleurs, les besoins sont là, sans parler de la hausse du coût de la vie... Beaucoup sont ainsi poussés – parfois même par leur conjoint – à affronter le supérieur hiérarchique pour demander une promotion, ou simplement une augmentation.

L'affaire est délicate. Un rien peut faire tout rater dès les premières minutes. Comment mettre les chances de son côté ?

Dans une petite entreprise de dix, vingt, trente personnes, on sait très bien qui est le patron ; on s'adressera directement à lui. Mais dès que l'entreprise est importante, le doute est possible : faut-il s'adresser au chef direct ? au chef du personnel ? à un membre de la direction ?

Certes, il y a dans chaque établissement un organigramme et des usages que vous respectez, mais l'important est de vous adresser à celui qui aura à la fois la capacité d'apprécier votre demande (ou de se faire renseigner sur sa légitimité) et de décider (ou de prendre l'initiative de la soutenir).

L'important est donc de frapper à la bonne porte, sans pour autant « court-circuiter » le responsable naturel. En cas de doute, vous pouvez consulter soit un collègue très sûr, soit un cadre dont vous sachiez avoir l'appui ou la sympathie. Si quelqu'un, parent ou ami, vous a fait entrer dans la maison, il sera souvent bon de lui demander son avis sur la démarche à accomplir.

QUAND FAIRE SA DÉMARCHE ?

Il n'y a pas de date magique. On demande, en général une année entière à un nouvel engagé pour faire ses preuves.

On demande en général une année entière à un nouvel engagé pour faire ses preuves.

Ensuite, l'essentiel sera de choisir un moment combinant des condititions
l'une positive : avoir eu l'occasion de se faire apprécier, de se rendre utile ;
l'autre négative : éviter le moment où l'ambiance de l'entreprise n'est pas saine, où tout va mal dans la maison, ou encore celui où le chef a des soucis personnels.

Dans certaines très grandes entreprises, le service du personnel suit attentivement les dossiers de chaque collaborateur, les « plans de carrière ». Il y a alors des périodes officielles de notation annuelle et de promotion, souvent en décembre, pour prendre effet en janvier de l'année suivante. N'attendez pas cette époque pour vous manifester, mais préparer le terrain dès la rentrée de septembre-octobre.

Certaines personnes n'hésitent pas à se faire « mousser » exagérément ; ce n'est pas très correct à l'égard des collègues, peut même nuire et risque fort, en tout cas, de ridiculiser. Mais ne comptez quand même pas trop sur la hiérarchie pour découvrir seule vos besoins et vos mérites. Vous risqueriez de voir vos droits limités aux simples réajustements collectifs périodiques.

Décidez-vous sans tarder dès que les circonstances paraissent favorables, car elles peuvent changer. Si vous voulez faire rapidement carrière dans un établissement, allez d'ailleurs vite dans les débuts, placez-vous dès que possible dans les catégories ascendantes, négociez vos promotions en cours d'année, hors des périodes de décisions collectives.

COMBIEN DEMANDER ?

Il faut se jauger lucidement, sans complaisance, mais hardiment. Évitez les petits coups de pouce qui ne changeront rien à votre niveau de vie et ne vous placeront pas sur une orbite plus favorable. Évitez aussi ces majorations « hors barême » qui vous mettent au maximum de la catégorie ou de l'échelon mais vous y enferment : c'est l'enterrement de première classe. Préférez toujours le minimum de la catégorie supérieure.

En vérité, vous devez savoir ce que vous voulez, jeter votre dévolu sur le poste convoité et le niveau de rémunération qui y correspond, et tendre à l'obtenir le plus rapidement possible.

Augmenter jour après jour ses attributions, se rendre indispensable, au besoin se saisir de responsabilités mal ou pas assumées par les autres, vaudra souvent mieux qu'une pression constante vers de petites et fréquentes majorations de rémunération.

Un entretien général sur votre carrière doit être rare. Son objectif sera alors un changement notable, combinant si possible vos avantages immédiats et de nouvelles perspectives d'avancement. Une telle discussion se prépare ; ne vous y présentez qu'armé non seulement d'arguments valables, mais aussi de titres indiscutables.

COMMENT SE PRÉSENTER ?

La pire des attitudes serait de se présenter uniquement en quémandeur, en ne s'appuyant que sur des besoins familiaux, la vie chère, etc. Certes, il est bon que quelqu'un dans l'entreprise, un délégué par exemple, prenne la parole pour réclamer, au nom de tous, les révisions de salaire que la hausse des prix rend nécessaires. Mais il ne faut jamais justifier votre propre demande par de tels arguments qui n'ont pas de poids réel sur une décision. En cas de succès, une telle démarche vous met en position d'obligé et ne peut en tout cas plus être renouvelée. Un employé demandait un jour à son patron deux cent francs d'augmentation mensuelle en arguant de ses difficultés. Le patron débonnaire, se fait expliquer la source de ses ennuis. Apprenant qu'une note de chauffage devenait lancinante, il sort son carnet de chèques et remet cinq cent francs de gratification à l'employé. Celui-ci voit son charbon payé et sort à reculons, éperdu de reconnaissance, pour se retrouver trois mois après au même échelon et... dans le même embarras.

En vérité, ce genre de conversation doit se présenter comme une négociation. On a fourni, on va fournir encore ; on discute le prix, courtoisement, mais d'égal à égal.

Ce qu'il faut absolument perdre – dès la première minute – c'est le complexe du fils dont le chef serait le père, un père qu'il faut respecter, dont on a peur. Trop de collaborateurs ont un sentiment de honte au sujet de leur rémunération, comme si tout le monde n'était pas astreint aux nécessités de l'existence.

Certes, votre supérieur, qui dispose du pouvoir de refuser ce que vous estimez vous être nécessaire, peut vous impressionner. Mais si vous pénétrez dans son bureau le cœur battant, comme un coupable, vous vous trouvez dans la plus mauvaise position psychologique qui soit. Pour gagner une bataille, il faut d'abord vaincre la peur et croire à son bon droit.

L'ascension professionnelle est un peu comparable à celle d'une montagne. Il faut avancer avec précaution.

LA BONNE ATTAQUE

Comme dans toute négociation, il faut tâcher de faire parler l'autre d'abord. Or, vous êtes demandeur. La solution est sans doute d'attaquer par la bande et de demander d'abord à votre interlocuteur comment vos services sont appréciés ou encore quelles vont devenir dorénavant vos attributions. En lui donnant la parole, vous vous placez en observateur, vous devez sentir par ses propos, mais surtout par son ton, de quel œil vous êtes considéré. Si l'atmosphère vous paraît propice, lancez-vous, n'attendez surtout pas trop pour abattre votre carte, car votre interlocuteur peut être appelé, dérangé ou bien l'entretien peut dévier (certains supérieurs vous verront venir et détourneront la conversation). Dans ce dernier cas, écoutez avec vigilance, revenez au sujet et posez carrément la question de confiance, en regardant votre supérieur en face avec un visage détendu. Attendez sa réponse avant de faire votre propre panégyrique. Se louer d'avance c'est se défendre avant d'être attaqué, c'est manquer de confiance. Or, si vous n'êtes pas sûr de vous, pourquoi l'autre le serait-il ?

LES RIPOSTES

Si l'on vous répond : « époque mal choisie, difficultés de l'entreprise, etc. », répliquez que l'essentiel est de s'entendre sur le principe (à confirmer officiellement bien entendu), mais que vous pourriez quelque peu attendre la prise d'effet ; vous êtes assez attaché à l'entreprise pour ne vouloir que son bien, mais vous voulez être certain de pouvoir bientôt mieux la servir ! Si votre interlocuteur se retranche derrière l'organigramme, les hiérarchies à respecter, les suspectibilités des collègues ou autres arguments relatifs (qui notez-le bien, ont ceci de bon, qu'ils ne contredisent pas votre prétention en elle-même), répondez que si l'on est d'accord sur vos capacités il suffit de les reconnaître tout de suite et de ne vous donner titres et attributions que progressivement, au fur et à mesure des occasions.

Renvoyez toujours avec calme et détermination la balle dans le camp de l'autre, mais ne vous énervez pas ; c'est une faiblesse. Votre façon de négocier sera elle-même pour votre interlocuteur un élément d'appréciation de votre caractère et de votre valeur – peut-être une révélation – ne la ratez pas. Ne vous contentez jamais de bonnes paroles, de faux-fuyants, de promesses (à moins qu'on les publie ou qu'on vous les écrive). Tâchez de ne ressortir qu'avec un avantage notable et garanti.

Si vous vous heurtez à un refus formel, ne parlez jamais de démission si vous n'êtes pas éventuellement prêt à la donner immédiatement. Ne la donnez, d'ailleurs, que si vous avez un point de chute garanti : que de gens ont ainsi lâché la proie pour l'ombre !

L'OCCASION

De façon générale, votre entretien se passera d'autant mieux que vous en aurez mieux ménagé l'occasion. Certains diri-

Votre entretien se passera d'autant mieux que vous en aurez mieux ménagé l'occasion.

geants apprécieront que vous leur demandiez d'avance un entretien en indiquant, par exemple : « pour parler de ma situation ». Ils comprendront, étudieront votre cas et vous aurez un interlocuteur préparé, qui pourra prendre position carrément.

L'intérêt de l'entretien sur rendez-vous est double : l'importance de la conversation est rehaussée du fait qu'elle est annoncée ; votre supérieur vous aura réservé un moment qui vous sera entièrement consacré.

Toutefois, les circonstances peuvent vous ménager une occasion favorable. Si vous êtes certain de ne pas être dérangé, vous aurez quelquefois intérêt à attaquer à l'improviste, dans un moment où la collaboration vous rapproche de votre supérieur et où règne une certaine euphorie. Si par exemple, vous avez la chance de recevoir un compliment, c'est peut-être une balle à prendre au bond. Saisissez-la avec à-propos et questionnez franchement. Certaines personnes, habiles à gérer leur carrière, sont passées maîtres dans l'art de faire naître ces circonstances.

Un jeune cadre avait remarqué que son directeur prenait ses congés d'été en juillet, soit disant pour laisser août à ses collaborateurs, en vérité pour profiter du calme, faire ses comptes, préparer la « campagne » suivante. Le jeune cadre s'arrangea pour partir également en juillet et se trouva à pied d'œuvre en août pour assurer la permanence d'été. Du même coup, il voisinait avec un directeur qui fourmillait de projets et qui, n'ayant personne d'autre à ses côtés, ne pouvait prendre que lui pour confident, ne pouvait qu'avec lui prolonger son travail d'après-midi par de ces petits dîners d'hommes esseulés au mois d'août, au cours desquels s'échafaudent dans l'intimité les plans de rentrée et... se dessinent souvent les carrières de jeunes loups opportunistes.

Quelques conseils

Pour demander de l'augmentation, adressez-vous à l'homme idoine. Choisissez le bon moment. Visez haut, si vous en êtes digne et surtout ayez des ambitions précises. Enfin, si votre chef est puissant et d'un certain âge, faites-le parler dès les cinq premières minutes : plus il parlera (de lui notamment !), plus il aura tendance à vous apprécier.

Vous rencontrez votre patron

Soyez
- prêt à reconnaître vos erreurs... et à défendre vos réussites ;
- ferme sur vos positions ;
- précis dans vos demandes ;
- spontané dans vos réponses ou vos questions ;
- ouvert à la négociation ;
- certain du bien-fondé de vos demandes ;
- réservé, sans froideur ;
- aussi à l'aise que possible ;
- calmement passionné.

Oubliez
- vos griefs antérieurs ;
- vos préjugés (votre patron n'est pas forcément votre ennemi personnel) ;
- ce que les autres ont pu raconter ;
- vos problèmes extérieurs ;
- (de temps en temps) que vous parlez à votre patron.

Ne soyez pas
- flatteur ou trop humble ;
- arrogant et mesquin ;
- évasif sur vos intentions ;
- faussement machiavélique ;
- intransigeant ;
- trop sûr de vous ;
- faussement cordial ;
- exhubérant et brouillon ;
- renfermé sur vous-même, recroquevillé.

N'oubliez pas
- de vous faire préciser les choses ;
- qu'il existe des lois du travail ;
- que les délégués du personnel peuvent vous conseiller ;
- d'écouter ce qui est dit ;
- que vous pourriez être à la place de votre interlocuteur... et que ce n'est pas facile !

QUELQUES TRUCS

Certains interlocuteurs sont grincheux, coléreux ou simplement bavards. D'autres contestent, fuient le dialogue ou cherchent à vous désarçonner. Comment désamorcer ces fâcheux ? Vous-même pouvez être embarrassé de vos mains, hésiter dans votre élocution, ou même tomber en panne. Comment dominer ces inconvénients ? Quelques trucs peuvent vous y aider.

Pour désarmer le grincheux

Il est des gens qu'on redoute et qu'on fuit : ils sont toujours de mauvaise humeur. Néanmoins, il vous faut parfois abor-

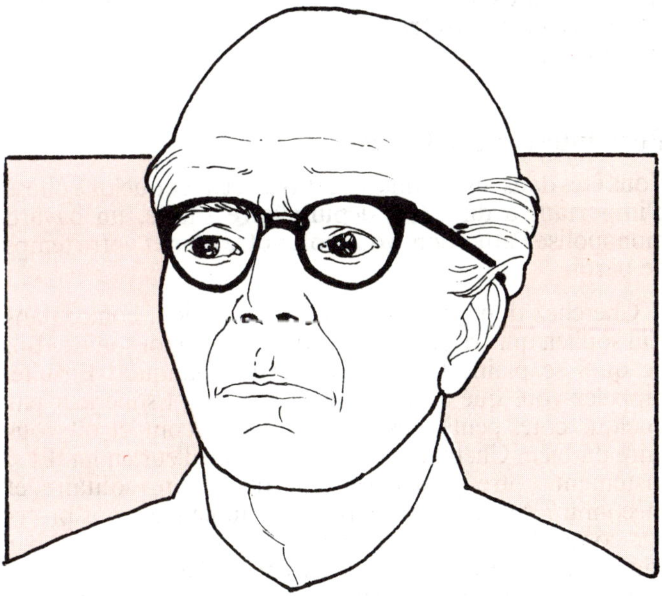

Pour désarmer le grincheux.

der ce type de personne. Avez-vous réfléchi, avant de les classer définitivement dans les personnes désagréables à ne subir qu'avec résignation, que leur attitude est souvent un masque, celui de la souffrance et de la déception ? Le grincheux est en général un malheureux, un insatisfait.

Cherchez donc d'abord quel est le caillou, coincé dans son soulier, qui crispe ainsi son visage. De quoi souffre-t-il, de quoi se plaint-il, qu'est-ce qui lui manque ? Ensuite, rappelez-vous que tout homme vous est supérieur par quelque côté, peut vous instruire à son contact ou vous faire du bien. Cherchez ce qu'il y a de meilleur en lui. Et si justement votre grincheux souffrait d'être solitaire et méconnu ? Armez-vous de patience au lieu de vous protéger contre lui, abordez-le avec le sourire, manifestez par toute votre attitude que vous êtes prêt à l'écouter. Il y a de fortes chances que, sa surprise passée, il soit troublé, touché. Qui sait ? Bravant son apparence rébarbative sans la voir, vous découvrirez peut-être chez ce sauvage des richesses insoupçonnées.

Pour interrompre le bavard

Vous êtes dans une réunion de travail et avez quelque chose d'important à dire. Or, depuis votre entrée, un bavard monopolise l'attention, vous vole votre tour et votre temps de parole.

Cherchez donc d'abord quel est le caillou, coincé dans son soulier, qui crispe ainsi son visage. De quoi souffre- t-il, de quoi se plaint-il, qu'est-ce qui lui manque ? Ensuite, rappelez-vous que tout homme qui vous est supérieur par quelque côté, peut vous instruire à son contact ou vous faire du bien. Cherchez ce qu'il y a de meilleur en lui. Et si justement votre grincheux souffrait d'être solitaire et méconnu ? Armez-vous de patience au lieu de vous protéger contre lui, abordez-le avec le sourire, manifestez par toute votre attitude que vous êtes prêt à l'écouter. Il y a de fortes chances que, sa surprise passée, il soit troublé, touché. Qui sait ? Bravant son apparence rébarbative sans la voir, vous découvrirez peut-être chez ce sauvage des richesses insoupçonnées.

Pour interrompre le bavard.

c'est le son de ses propres paroles répétées par autrui, c'est le bruit de ses idées exprimées de nouveau par un autre. Alors il se tait et s'écoute, par personne interposée. C'est la seule façon de le faire taire et, loin de le heurter, elle le laissera ravi. D'une transition habile, après cette concession à l'efficace, vous glisserez ensuite aux intentions premières de votre propre exposé.

Pour répondre au contestataire

Lorsque vous instaurez un dialogue, vous ne pouvez pas souhaiter avoir toujours en face de vous des interlocuteurs passifs ou favorables. Opposants et contestataires existent

Pour répondre au contestataire.

et il faut les reconnaître. Une première règle est de leur prêter attention : vous leur ôterez déjà ainsi prétexte à violence. En commençant par laisser parler l'adversaire, vous éviterez la pire des rancunes, celle du discours rentré.

Beaucoup de phraseurs sont des velléitaires. Quand ils parlent, leurs intentions d'action s'émoussent, comme si s'exprimer équivalait pour eux à donner vie aux idées. Bergson a pu écrire : « La parole est action. » Pour certains, elle en est le substitut, l'alibi. On a rarement à perdre à faire parler l'autre, parce qu'en précisant son désaccord, il en dessine aussi les limites et, dévoilant ses failles, vous facilite la riposte.

Une fois écouté, l'opposant doit être contredit. Vous n'aurez pas peur de la répétition, « la seule forme de l'éloquence », disait Napoléon. Réitérer c'est affirmer, c'est souvent écraser l'autre sous l'avalanche. A toute contradiction il faut tenir tête, imperturbable ou en haussant le ton, mais sans jamais mollir. Tout point marqué doit être assené, souvent redoublé. La controverse est un combat où il faut oser être cruel, car les demi-effets font aux yeux du public des quarts de défaite.

Quant à l'opposant muet dans un groupe, dont seule la mimique vous critique (sourires, clins d'œil, mouvements d'épaules), il faut l'affronter en l'obligeant à s'exprimer. Même valables, ses critiques feront moins d'effet sur l'auditoire que son manège silencieux.

Pour faire parler le silencieux

Qu'il s'agisse d'un « personnage » auquel on rend visite ou d'un « client » que l'on démarche, il arrive qu'on se heurte à cette vieille astuce du silence systématique. On vous accorde une audience, on vous fait asseoir et, d'un glacial « Je vous écoute », on vous met au pied du mur. Bravement vous vous jetez à l'eau, exposez votre cas... Voici que vous voudriez tester l'effet produit ; d'un regard vous guettez un encouragement. Le froid silence vous répond ; deux yeux vous fixent avec indifférence ou sévérité : il faut poursuivre. Cela peut être éprouvant !

Chez le client, on trouve souvent cette attitude. Vieil habitué des entretiens de vente, embastillé dans la tranquille assurance du monsieur qu'on cajole, qu'on courtise, le client vous « laisse venir », imperturbable. Il semble que vous envoyez des balles à un partenaire qui jamais ne les renvoie. Alors l'éloquence s'essouffle, les arguments paraissent tomber à plat. Vous vous troublez, non seulement à l'idée de l'échec, mais à l'irritation de ne pas savoir d'où il peut venir. Vous cherchiez un homme, car un homme ça se conquiert, vous n'avez trouvé qu'un robot, un figurant, une maquette, ou quelqu'un qui feint de l'être.

Dès que vous devinez cette tactique du silence systématique chez l'interlocuteur, il faut l'en faire sortir. Deux moyens peuvent y conduire. Ou bien vous vous arrêtez net et, toujours souriant, vous fixez votre vis-à-vis en vous jurant de ne pas reprendre la parole avant lui, mais peu de gens ont la force de résister à cette épreuve. Qu'il soit agacé, oppressé de cette vague gêne, ou même acculé par simple courtoisie, l'autre se décidera enfin à ouvrir la bouche, à rentrer dans le jeu du dialogue pour y participer. L'autre moyen, c'est tout simplement d'interroger l'interlocuteur, l'obliger à parler en lui posant des questions tests : « J'espère que je me fais bien comprendre ? », « Me suivez-vous ? » sont des questions auxquelles, à moins d'impolitesse délibérée, il ne peut pas ne pas répondre, au moins brièvement. Mais si vous voulez qu'il prenne parti, qu'il se livre à son tour, il faut passer aux questions plus précises : « Arrivé à ce point, puis-je vous demander votre sentiment sur le problème... ? » ou toute autre formule du même genre. Si vous faites suivre ces interrogations d'un silence absolu, votre partenaire ne pourra pas échapper à la prise de parole et le dialogue sera noué.

Pour éviter les tics de langage

Peut-être êtes-vous souvent mal à l'aise lorsque vous avez à aborder quelqu'un et votre langage en souffre-t-il, que vous en ayez conscience ou non. Or, rien n'est plus agaçant que l'interlocuteur qui ponctue chaque hésitation de « heu ! heu ! », qui répète cent fois des « n'est-ce pas ? » ou des

« si vous voulez... » qui obscurcissent le sens de son intervention en coupant le développement et donnent une impression un peu puérile. Inutile de vous polariser sur le mot et d'essayer de le retenir quand vous le sentez venir. Vous ne feriez qu'accroître la nervosité que trahissent ces tics et qu'il faut justement dominer. Le remède est dans la respiration et dans le mécanisme de préparation intellectuelle des émissions vocales. Réfléchissez à ce que vous allez dire, et ne commencez à l'exprimer que lorsque la phrase est déjà clairement formée dans votre esprit. Si vous avez besoin de temps, eh bien ! attendez, respirez, regardez calmement votre interlocuteur, prenez le temps de préparer la suite et de la formuler tranquillement sur le ton qui convient. Vous aurez d'autant plus d'autorité qu'en maîtrisant votre débit vous faites précisément preuve de maîtrise.

Pour se servir de ses mains

On connaît l'histoire marseillaise : Marius, après un accident, était menacé d'amputation des mains. « Comment ferai-je alors pour parler ? » s'écria-t-il. Il est bien vrai que

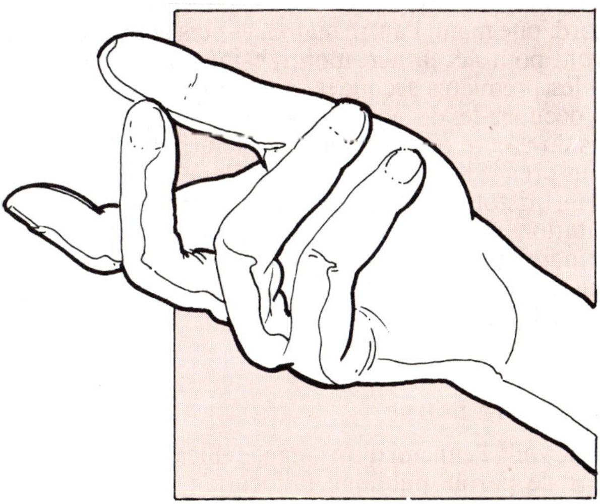

si la gesticulation excessive est un manque de tenue, un minimum de gestes est nécessaire pour soutenir chaque phrase : gestes des mains, parfois gestes des bras, qui seuls peuvent donner au langage cette animation, cette vie qui rend le message spontané et en souligne la portée.

Tout au contraire comme bien des gens, vous vous sentez empêtré de vos mains, vous ne savez qu'en faire et vous avez la hantise de parler en public parce que vous avez peur de rester là, tout raide, encombré de cet outil dont vous n'avez pas l'usage : vos mains. Pour bien se servir de ses mains, il faut n'y pas penser. L'immobilité des mains, qu'elles soient croisées dans le dos, sur le ventre ou la poitrine, tombant inertes de chaque côté ou même crispées, cachées sous les deux bras croisés, traduit la gêne, une attitude de refus, de fuite. La langue parle puisqu'il le faut, mais la personnalité profonde, celle qui est source du vrai message et doit donner vie à tout notre être, se réfugie dans la fixité de peur de ne pas trouver le bon effet, de peur de se livrer sans être sûr d'être appréciée.

Le remède, une fois de plus, n'est pas local mais global. Laissez-vous aller, soyez simple et confiant, parlez d'abord de choses faciles, concrètes, vécues. Alors en moins d'une minute, la spontanéité vous submergera, le naturel et la vie prendront le dessus et vos mains s'animeront. Timidement d'abord, une main, l'autre main... et puis les deux se multiplieront pour accentuer, montrer, inviter, refuser, etc. Si, dans les premières secondes, ces mains vous encombrent trop, occupez-les de façon dissymétrique : l'une pour serrer le bas du veston ou tenir un objet, l'autre libre de s'agiter. Si vous prenez la parole en groupe, l'une de vos mains peut tenir un bristol sur lequel vous aurez griffonné plan, chiffres ou citations, bref, un petit « mémo de séance ».

Principe absolu : si vous parlez debout, ne vous appuyez jamais les mains sur la table, ce qui raidit l'attitude et diminue l'impact de la parole.

Pour vaincre le trac

Le trac, voilà l'ennemi d'un langage efficace. Pas seulement en cas de parole publique (allocution, comité, rapport,

Ne vous laissez pas impressionner par votre interlocuteur.

discours), mais aussi dans l'entretien courant : plus la rencontre est importante et plus le trac risque de vous paralyser.

Si l'émotion vous serre la gorge, si votre voix tremblotte, arrêtez-vous de parler, souriez (c'est souverain !) puis respirez et bougez. Formulez de nouveau quelques mots, respirez encore, à fond. Surtout n'émettez pas de longues phrases mais limitez-vous à des locutions courtes, bien articulées à voix assez forte et distincte, coupées de respirations profondes. Résistez de toutes vos forces à la précipitation. Cet effort de domination tranquille de votre débit, en oxygénant le sang, calmera vos nerfs et, en captant votre pensée, vous délivrera du trac dès la première minute. Rappelez-vous bien : sourire, respirer, bouger, et vous voilà d'attaque.

Quant au « trou noir », au vide soudain du causeur ou de l'orateur qui a perdu le fil, il est le fruit en général d'une sorte de surimpression : on continue à parler, à formuler physiquement des mots, tandis que la pensée, distraite, se porte ailleurs. L'inspiration vient à manquer d'un coup et plus on se concentre, plus on s'affole.

Vous pouvez d'abord essayer d'éviter ces « trous noirs ». Ayez un « pense-bête », quelques notes écrites que vous pouvez consulter. (Dans ce cas, placez-les à portée du regard, ne fléchissez jamais le corps pour les consulter.) Cette sauvegarde peut vous permettre de vous rattraper, de passer à l'idée suivante. Evitez aussi les digressions, restez fidèle au propos initial, tel que vous l'avez préparé.

Néanmoins, si le trou vous arrête, deux moyens existent d'en sortir. Le premier est tout simple : avec un bon sourire, consultez calmement votre interlocuteur : A propos, où en étais-je... ? » ou encore : « D'où suis-je parti pour vous raconter cela... ? » Et celui-ci vous remettra dans le droit chemin. Vous pouvez également jouer de la répétition : remontez en amont de quelques phrases, redites, comme pour leur donner plus de force, les mots que vous venez de prononcer, en les introduisant par une petite remarque comme « Oui, je tiens à le répéter... » ou « Oui, vraiment j'en suis convaincu... ». Alors par le miracle des associations d'idées, le seul fait de reformuler ce qui logiquement aurait dû amener la suite, qui maintenant vous fait défaut, réssuscitera justement cette suite capricieuse qui vous reviendra à l'esprit. Et nul peut-être ne l'aura remarqué.

Conseils pour mieux briller par le langage

— *D'abord préparer tout entretien,* toute intervention orale. On parle mieux de ce que l'on connaît, et réfléchir, ne serait-ce qu'un instant, à la façon dont on va s'exprimer permet de s'aventurer ensuite en confiance sur un terrain moins étranger.

— *Parler toujours «sur mesures»* à des interlocuteurs qui sont chacun un cas particulier. Pour s'adapter à l'autre, à ses capacités, à son attente, il faut toujours de l'imagination et souvent aussi un effort de sympathie.

— *Se faire confiance à soi-même.* Etre soi-même, avec sincérité. Parler comme on sait, parler surtout comme on sent, en restant toujours naturel.

Vous êtes en présence d'un supérieur hiérarchique

Ce qu'il ne faut surtout pas faire

Vous plaindre :
– Vous plaindre de vos difficultés personnelles dans le travail (les clients ou correspondants peu compréhensifs, les conditions matérielles d'installation du service, le chauffage, les horaires, etc.).
– Vous plaindre de vos collègues, de leur caractère, de leur incompétence, de leur conscience professionnelle, etc.
– Vous plaindre de la direction, de ses exigences, du peu de récompense qu'on a de son dévouement...
– Vous plaindre de la vie en général, de la vie chère en particulier, du gouvernement, du temps qu'il fait, des fatigues du trajet, des difficultés familiales...

Ce qu'il faut faire

– Arriver dès qu'il fait appel à vous.
– Avoir l'air heureux d'être appelé.
– Lui demander brièvement mais sincèrement de ses nouvelles personnelles sur un point dont vous avez retenu qu'il le préoccupe (sa santé, sa voiture, sa famille, sa maison de campagne, etc.).
– L'écouter avec un intérêt sincère (au besoin prendre des notes).
– S'il vous questionne, avoir réponse à tout... Mais, si vous ne savez pas, ne jamais mentir.
– Lui faire ressentir que le service marche bien, qu'il peut compter sur lui. Mais ne pas vous mettre personnellement en avant.
– Si vous avez des succès de service, de bonnes nouvelles à lui annoncer, dites « nous ». Ne doutez pas d'ailleurs que c'est le mot qu'il emploiera pour rendre compte à la direction.
– Donnez-lui surtout l'impression de se sentir compris, suivi, soutenu, estimé.

Comment acquérir de l'assurance ?

Acquérir de l'assurance, c'est d'abord savoir discerner ce que l'on peut se permettre de faire ou de dire et ce qu'il faut éviter. Soyez ferme avec vous-même, avant de l'être avec les autres, mais ne confondez pas assurance de soi et agressivité.

Vous pouvez partir du principe que tout est possible à qui sait s'y prendre avec sensibilité. Beaucoup de gens ont du mal à s'affirmer, et cette inhibition est fortement liée à l'angoisse. Ils refusent d'agir parce qu'ils savent que l'action créera en eux une situation d'angoisse. Mais, parallèlement, ne pas agir comme ils le souhaiteraient développe tout autant en eux ce sentiment d'angoisse, car cela leur fait évaluer leur faiblesse. Alors comment sortir de cette impasse ?

L'assurance s'apprend comme une langue étrangère ou les mathématiques. Voici quelques conseils :

– Montrez-vous tel que vous êtes et non pas tel que vous voudriez être vu, car l'on n'arrive jamais à s'identifier totalement à un rôle, surtout dans une relation qui peut être suivie. Essayer de tromper les autres sur soi-même met en porte-à-faux : des paroles, des gestes inconscients surgissent toujours à un moment inopportun et mettent mal à l'aise l'interlocuteur qui, ne sachant plus à quoi se fier, risque de s'enfuir.

– Exprimez le plus possible vos sentiments, vos réactions, de joie ou de tristesse, d'hostilité ou de tendresse. Vous n'en serez que plus vivant et, par là même, plus sûr de vous.

– Apprenez à faire des compliments et, éventuellement, à émettre des critiques quand vous en ressentez l'envie. Peut-être vos paroles seront-elles maladroites au début, mais rapidement elles deviendront de plus en plus naturelles.

ETES-VOUS UN BON NEGOCIATEUR ?

La question, posée de but en blanc, laisse perplexe. Les tâches d'un négociateur, les situations de négociateur sont en apparence diverses ; elles ont, en fait, des points communs. Grâce à ce questionnaire, vous pourrez non seulement évaluer un certain nombre de vos aptitudes, mais comprendre ce qu'est la négociation, au sens le plus large et le plus concret : une attitude face à la vie, une manière d'envisager les problèmes quotidiens et leur résolution.

1. Lorsqu'une difficulté surgit, vous êtes par tempérament plutôt tenté(e) :

☐ a) de contourner l'obstacle, quitte à consentir un petit sacrifice,
☐ b) d'imposer votre volonté quoi qu'il en coûte,
☐ c) de patienter dans l'espoir que les choses s'arrangeront d'elles-mêmes.

2. Vous vouliez acheter une automobile, mais elle est indisponible avant plusieurs mois dans la couleur que vous souhaitiez

☐ a) vous quittez le magasin après avoir déposé votre carte de visite au cas où une commande serait annulée,
☐ b) vous vous laissez tenter par une autre couleur ou une occasion d'un type voisin,
☐ c) vous sortez en manifestant ostensiblement votre intention d'aller chez un concurrent.

3. « A priori », à laquelle de ces trois définitions rattachez-vous le terme de « négociation » ?

☐ a) La discussion d'un contrat commercial.
☐ b) L'élaboration d'accords politiques qui mettront fin à une guerre, à un litige.
☐ c) Une certaine manière d'envisager les problèmes, qui implique la compréhension du point de vue adverse.

4. Vous pensez qu'un bon négociateur commercial doit, en tout premier lieu :

☐ a) comprendre les préoccupations de ses clients,
☐ b) connaître à fond les caractéristiques du produit qu'il vend,
☐ c) avoir des qualités humaines favorisant le contact.

5. A la fin d'une discussion, vous pensez qu'il faut :

☐ a) un « gagnant » et un « perdant »,
☐ b) que le perdant ait le sentiment de l'avoir emporté,
☐ c) que chacun éprouve de la satisfaction.

6. Avant d'entreprendre une négociation, qu'est-ce qui vous paraît souhaitable avant tout ?

☐ a) Vous efforcer de mieux connaître votre ou vos interlocuteurs.
☐ b) Vous concentrer sur les informations qui pourront être utiles dans le cours des discussions.
☐ c) Faire le recensement de vos expériences passées afin d'en tirer le meilleur parti.

7. Vous pensez que, d'une manière générale, on obtient plus facilement l'accord d'un tiers :

☐ a) en lui exposant les raisons pour lesquelles on a besoin de lui,
☐ b) en lui citant les avantages que lui procurera cette collaboration, ce concours,
☐ c) en agissant sur sa curiosité, son imagination, son esprit d'entreprise, sa volonté de s'affirmer, etc.

8. Vous vous préparez à discuter une affaire importante, à plaider un dossier difficile ; vous êtes surtout préoccupé(e) par :

☐ a) la constitution d'un dossier aussi complet que possible.
☐ b) l'analyse de la situation dans laquelle se tient la négociation, la détermination du rapport de force, etc.,
☐ c) les conséquences d'un échec sur l'opération que vous projetiez ou votre propre carrière.

9. Ce dossier que vous avez préparé contient des informations. Auquel de ces divers aspects prêtez-vous la plus grande attention ?

☐ a) A l'exactitude et l'ampleur des informations.
☐ b) A leur efficacité présumée sur le partenaire.
☐ c) A la nature des préoccupations auxquelles elles répondent.

10. Vous pensez que, lors d'une négociation, la personnalité des négociateurs joue un rôle :

☐ a) plutôt faible, en tout cas assez limité : tout le charme du monde ne peut vaincre une argumentation solide,
☐ b) important, mais nullement décisif : c'est la plume qui fait pencher le plateau de la balance.
☐ c) très important, beaucoup plus que les éléments « objectifs », qui ne le sont jamais tout à fait puisque c'est un être humain qui les exprime.

11. Vous avez parqué votre automobile en stationnement interdit. En revenant, vous trouvez une contractuelle qui dresse un procès-verbal. Quelle est votre réaction ?

☐ a) Vous prenez le volant et démarrez sans un mot ni un regard.
☐ b) Vous demeurez aussi paisible que possible, en essayant d'exposer la raison de votre infraction mais sans trop compter attendrir la contractuelle.
☐ c) Vous l'abreuvez d'injures, déchirez le procès-verbal que vous jetez dans le caniveau.

12. Quand, ayant fait preuve du maximum de bonne volonté, vous n'avez pas le sentiment d'être payé(e) en retour, quel sentiment éprouvez-vous à l'égard de votre partenaire dans une discussion ?

☐ a) De la déception et de l'amertume, car vous espériez substituer des rapports de collaboration aux rapports d'opposition.
☐ b) Vous vous sentez stimulé(e) et vous mettez les bouchées doubles afin de le faire changer d'attitude.
☐ c) Aucun sentiment en particulier : vous estimez que votre partenaire joue son jeu comme il l'entend.

Voici diverses caractéristiques du comportement, de l'émotivité et de l'intellect. Quelle est à votre avis, dans chacune des séries, celle qui conviendrait le mieux au négociateur idéal ?

13. Langage.

☐ a) aisance (être « beau parleur »),
☐ b) mesure, prudence, exactitude,
☐ c) habileté, pouvoir de conviction.

14. Caractère.

☐ a) chaleureux, avenant, sympathique.
☐ b) agressif, conquérant, sûr de lui,
☐ c) discrétion, réserve, subtilité.

15. Intelligence.

☐ a) brillante, capable d'impressionner un auditoire,
☐ b) capable d'une grande profondeur d'analyse et de synthèse, appuyée sur une mémoire sans défaut,
☐ c) fondée sur le sens commun, claire et accessible.

16. Présentation.

☐ a) stricte, élégante et discrète,
☐ b) sportive, dynamique, au goût du jour,
☐ c) passe-partout, sans affectation.

17. Lorsqu'un représentant vient sonner à votre porte, quelle est votre première réaction ?

☐ a) Vous refusez de le recevoir.
☐ b) Vous le recevez pour voir ce qu'il vous propose, et vous ne lui achetez que ce dont vous avez réellement besoin.
☐ c) Vous « marchandez » avec lui parce que le jeu vous amuse, mais sans intention d'acheter.

18. Une relation lointaine vient vous demander de lui rendre un service qui, sans vous déranger, ne saurait rien vous rapporter dans l'immédiat :

☐ a) vous profitez de l'occasion pour lui demander de vous obliger à son tour,
☐ b) vous acceptez de lui rendre service sans rien attendre en échange.
☐ c) vous invoquez un prétexte quelconque pour refuser.

19. Si vous en avez l'occasion :

☐ a) vous chercherez à entretenir des rapports amicaux avec le ou les négociateurs de la partie adverse, par exemple en acceptant une invitation,
☐ b) vous vous efforcerez de rester au stade des relations strictement professionnelles, pour que les choses soient claires et qu'aucun sentiment personnel ne vienne perturber votre travail,
☐ c) vous tâcherez d'humaniser les relations professionnelles sans toutefois chercher à aller plus loin.

20. Quand vous êtes amené(e) à prendre une décision importante par téléphone :

☐ a) vous considérez que votre parole vous engage, de même que la sienne engage votre correspondant,
☐ b) vous exigez toujours d'obtenir une confirmation écrite,
☐ c) en règle générale, vous évitez d'être trop affirmatif(ve), vous invoquez des prétextes pour différer la décision, vous n'hésitez pas à revenir sur ce que vous avez dit.

21. Au cours d'une discussion particulièrement serrée, votre partenaire cite un chiffre de référence (statistique officielle, bilan comptable, etc.) qui est faux. Vous possédez la preuve incontestable de son erreur :

☐ a) vous aurez tendance à le laisser s'engager dans ses affirmations afin de mieux pouvoir le contrer,

☐ b) vous lui conseillez de bien réfléchir avant d'être aussi catégorique, puis vous changez de conversation,
☐ c) vous intervenez pour le contredire immédiatement et vous tirez parti de votre avantage.

22. Lors d'une négociation importante, l'un de vos partenaires vous contacte discrètement et vous déclare : « Il y a toujours moyen de s'arranger. » Quelle est votre attitude ?

☐ a) Vous acceptez de « doubler » vos partenaires parce que cet arrangement vous semble avantageux.
☐ b) Vous lui demandez de ne pas insister, au risque d'être en mauvais termes avec une personne influente.
☐ c) Vous avisez vos partenaires réguliers de la démarche.

23. Dans vos rapports avec les gens, vous êtes :

☐ a) d'abord sensible à leur personnalité, au charme qui peut émaner d'eux, à leur pouvoir de séduction,
☐ b) plutôt sensible à leur compétence, au brio de leur démonstration, à leur culture,
☐ c) surtout sensible au désir qu'ils expriment de parvenir à un accord, à la « bonne volonté » dont ils font preuve.

24. Dans une conversation à « bâtons rompus » avec une relation d'affaires :

☐ a) vous vous taisez pour ne pas commettre d'impair ou la froisser,
☐ b) vous faites état de vos opinions sans ambages, car les affaires sont une chose et les idées personnelles une autre,
☐ c) vous approuvez votre interlocuteur, même si, au fond, vous êtes en désaccord avec lui, afin de le mettre dans de bonnes dispositions.

25. Vous pensez qu'un homme mûr est un meilleur négociateur :

☐ a) parce qu'il a une grande expérience des rapports humains, qu'il sait « s'y prendre »,

☐ b) simplement parce que l'âge donne du poids à ses propos, qu'on le contredira moins facilement,
☐ c) vous pensez que l'âge n'est pas une garantie de sérieux et vous vous fiez surtout aux arguments qu'on vous fournit.

26. Quand, dans une discussion, vous avez le sentiment que votre partenaire « tourne autour du pot » :

☐ a) vous précisez les choses pour gagner du temps et sortir votre partenaire d'un mauvais pas,
☐ b) vous détournez la conversation afin de laisser le problème en suspens, quitte à revenir sur cette question un peu plus tard,
☐ c) vous profitez de sa confusion ou de l'imprécision de ses propos pour en tirer avantage.

27. Dans une négociation où vous avez plusieurs partenaires, vous aurez tendance à :

☐ a) concentrer vos efforts sur le « leader » parce qu'« il vaut mieux avoir affaire au Bon Dieu qu'à ses saints »,
☐ b) convaincre les autres membres de la délégation, ceux qui vous paraissent les plus accessibles, pour qu'ils fassent pression sur le leader,
☐ c) agir indifféremment sur les uns et sur les autres, tâchant de convaincre le groupe tout entier.

28. Lors d'une négociation, vous éprouvez une antipathie insurmontable et irrationnelle à l'égard de votre partenaire :

☐ a) vous décidez d'abandonner à une autre personne la mission qui vous a été confiée pour qu'elle ait plus de chances de succès.
☐ b) vous surmontez votre sentiment personnel en mettant la discussion sur un plan strictement « objectif ».
☐ c) vous persistez dans votre mission tout en sachant qu'elle a peu de chances d'aboutir parce que vous ne voulez pas perdre la face.

29. Vous pensez que, dans les relations conjugales, il vaut mieux :

☐ a) prendre les décisions importantes – logement, travail, nombre d'enfants, etc. – après en avoir discuté avec votre conjoint(e) (et, bien sûr, en tenant compte de son opinion),

☐ b) que l'initiative incombe à l'un des conjoints plutôt qu'à l'autre, les problèmes concernant les enfants ou le logement à la femme, le travail à l'homme, par exemple,

☐ c) que, un couple étant toujours déséquilibré, les décisions soient, en fait, prises par l'individu dominateur, que ce soit l'homme ou la femme.

30. Votre fils prétend que Napoléon est mort en 1821 et vous en 1820. Après vérification, vous décidez :

☐ a) de reconnaître votre erreur et de supporter les moqueries de votre progéniture,

☐ b) de l'envoyer se coucher sans dessert après lui avoir fait passer, par une paire de gifles, l'envie de ricaner,

☐ c) de vous lancer avec lui dans une discussion sur les erreurs de chronologie ou le peu d'intérêt de l'histoire événementielle.

ANALYSE DES RÉSULTATS

Dans l'analyse des résultats, nous appelons colonne dominante celle qui totalise le plus grand nombre de réponses. La colonne sous-dominante est celle qui vient en deuxième position. La troisième colonne est donc celle qui comporte le moins de réponses. (Ex. : colonne II, 14 réponses, dominante ; colonne I, 9 réponses, sous-dominante).

CAS N° 1

colonne I dominante
colonne II sous-dominante

Vous avez, selon toutes les apparences, le « profil » d'un excellent négociateur : patience, obstination, sens du sacrifice utile, etc. Vous êtes un négociateur-né, mais la lecture de ce livre vous permettra de comprendre pourquoi.

CAS N° 2

colonne I dominante
colonne III sous-dominante

Négociateur d'occasion, vous êtes capable du meilleur comme du pire. Vous ne savez pas comment vous vous fâchez avec les gens, mais, curieusement, vous vous réconciliez toujours avec eux : c'est une conception globale de la relation « négociée » qui vous fait défaut. Mais vous êtes sur la bonne voie puisque vous tenez ce livre en main.

CAS N° 3

colonne II dominante
colonne III sous-dominante

Vous avez le sentiment – frustrant – de pouvoir obtenir de bien meilleurs résultats que ceux auxquels vous êtes habitué(e). Cela prouve que vous avez la fibre d'un négociateur, une tournure d'esprit favorable. Les gens autour de vous trouvent d'ailleurs, pour la plupart, que vous êtes « facile à vivre ». Il ne reste plus qu'à faire des gammes pour devenir un très bon amateur.

CAS Nº 4

colonne II dominante
colonne I sous-dominante

Vous n'êtes pas ce que l'on peut appeler un « monsieur Bons-Offices », bien que vous ayez à remplir cette fonction chaque jour dans votre famille, au travail, etc. D'ailleurs, vous reconnaissez l'utilité et l'efficacité de la concertation. C'est votre volonté d'aboutir qu'il faut mettre en valeur : nous vous en fournissons les moyens dans ce livre.

CAS Nº 5

colonne III dominante
colonne I sous-dominante

Vos efforts réels de dialogue sont souvent mal accueillis. Vous vous impatientez, méjugez des intentions et de la bonne volonté de vos partenaires. Pourtant, quelques succès vous rassurent quant à vos capacités de dialogue, et vous pensez qu'il vous manque surtout une « théorie de l'action » applicable aux situations de conflit.

CAS Nº 6

colonne III dominante
colonne II sous-dominante

Vous êtes un tyran ou un(e) martyr(e). Tyran lorsque vous avez la possibilité d'imposer votre volonté, ce que vous faites sans hésitation : l'efficacité à court terme est votre unique critère, et vous avez plus tendance à utiliser les gens qu'à collaborer avec eux. Hélas, il suffit que vous vous trouviez à votre tour dans une situation de dépendance pour qu'ils en profitent (cela n'a rien d'étonnant) ! D'où le « martyre », l'incompréhension dont vous vous plaignez. Dans ce livre, vous trouverez les éléments d'une politique (au moins) aussi efficace que le coup de force, et autrement plus sure : la négociation vous permettra d'obtenir des garanties pour l'avenir.

Dans le tableau suivant, entourez d'un cercle la réponse que vous avez donnée à chacune des questions, puis **faites le total colonne** par colonne.

Questions	Vos réponses			Questions	Vos réponses		
	I	II	III		I	II	III
1	a	c	b	16	c	a	b
2	b	a	c	17	b	c	a
3	c	b	a	18	c	b	a
4	c	a	b	19	c	a	b
5	c	b	a	20	a	b	c
6	a	c	b	21	b	a	c
7	a	b	c	22	b	c	a
8	b	a	c	23	c	b	a
9	b	c	a	24	a	c	b
10	c	a	b	25	b	c	a
11	b	a	c	26	a	c	b
12	b	c	a	27	b	a	c
13	c	b	a	28	b	a	c
14	c	a	b	29	a	b	c
15	c	a	b	30	c	a	b

Total :

Éditions PRAT/EUROPA
34, rue Truffaut, 75850 PARIS Cedex 17

Imprimé en France – IMPRIMERIE TARDY QUERCY BOURGES